JN139572

ヒッチコック9
INDEX

THE PLEASURE GARDEN:A restoration by the BFI National Archive in association with ITV Studios Global Entertainment and Park Circus Films
Principal restoration funding provided by The Hollywood Foreign Press Association and The Film Foundation, and Matt Spick. Additional funding provided by Deluxe 142.
THE LODGER:A restoration by the BFI National Archive in association with ITV Studios Global Entertainment, Network Releasing and Park Circus Films.
Principal restoration funding provided by The Hollywood Foreign Press Association and The Film Foundation, and Simon W Hessel. Additional funding provided by British Board of Film Classification, Deluxe 142, Shivendra Singh Dungarpur, and Ian & Beth Mill.
DOWNHILL:A restoration by the BFI National Archive in association with ITV Studios Global Entertainment and Park Circus Films
Principal restoration funding provided by Simon W Hessel. Additional funding provided by Deluxe 142 and The Headley Trust.
EASY VIRTUE:A restoration by the BFI National Archive in association with ITV Studios Global Entertainment and Park Circus Films
Restoration funding provided by The American Friends of the BFI, The John S Cohen Foundation, Deluxe 142 , The Idlewild Trust and numerous film societies across the UK.
THE RING:A restoration by the BFI National Archive in association with STUDIOCANAL
Principal restoration funding provided by The Hollywood Foreign Press Association and The Film Foundation. Additional funding provided by Deluxe 142 and The Mohamed S. Farsi Foundation.
CHAMPAGNE:A restoration by the BFI National Archive in association with STUDIOCANAL
Principal restoration funding provided by The Eric Anker-Petersen Charity. Additional funding provided by Deluxe 142.
THE FARMER'S WIFE:A restoration by the BFI National Archive in association with STUDIOCANAL
Restoration funding provided by Matt Spick. Additional funding provided by Deluxe 142
THE MANXMAN:A restoration by the BFI National Archive in association with STUDIOCANAL
Restoration funding provided by Daniel & Joanna Friel and Ronald T Shedlo. Additional funding provided by Deluxe 142.
BLACKMAIL:A restoration by the BFI National Archive in association with STUDIOCANAL
Principal restoration funding provided by The Hollywood Foreign Press Association and The Film Foundation. Additional funding provided by Deluxe 142, Pia Getty, Col & Karen Needham, and the Dr Mortimer & Theresa Sackler Foundation.

ヒッチコック9
PROFILE OF HICHCOCK

◉ヒッチコック　プロフィール◉

本名アルフレッド・ジョゼフ・ヒッチコック。１８９９年８月13日、ロンドン東部のレイトンストーンに生まれる。食料品店を経営していた父ウィリアムと母エマ・ジェインの三人の子供の末っ子。イングランドでは少数派であるカトリック教徒で、寄宿学校に入れられたこともあって、少年期は孤独だった。14歳で父を亡くした後、工学を学んで、W・T・ヘンリー電信会社に就職。技師として勤めるかたわら美術学校でデザインを学び、宣伝部に異動して広告物のデザインを行なった。アメリカの映画会社フェイマス・プレイヤーズ＝ラスキー（のちのパラマウント社）がロンドンに持ったイズリントンの撮影所に自作の字幕デザインを持ち込んだのが認められて、１９２０年に映画界入り。グレアム・カッツ監督のもとで、字幕デザインから美術、助監督、編集、脚本などを担当。フェイマス・プレイヤーズ＝ラスキーがイギリスから撤退すると、プロデューサーのマイケル・バルコン率いるゲインズボロー・ピクチャーズに参加。１９２５年製作の『快楽の園』で監督デビュー。三作目の『下宿人』で初めてサスペンス映画を手がけ、大きな成功を収める。１９２６年に、助手・スクリプターのアルマ・レヴィルと結婚。プライベートでも創作上でも生涯のパートナーとなる。イギリス時代に、『恐喝』（１９２９年、サイレント版とトーキー版の両方がある）、『三十九夜』（１９３５年）、『バルカン超特急』（１９３８年）など数々の傑作を発表。１９３９年にアメリカに渡り、ハリウッド第一作『レベッカ』（１９４０年）でアカデミー作品賞を受賞（長いキャリアのなかでアカデミー監督賞は受賞しなかったので、無冠の帝王とも称される）。同年の『海外特派員』（１９４０年）も大ヒットを記録。『スミス夫妻』（１９４１年）などのコメディからフィルム・ノワールの『疑惑の影』（１９４３年）まで幅広く手掛けたが、なんといってもサスペンスとスリラーが真骨頂で、「サスペンスの神様」と称された。『裏窓』（１９５４年）、『北北西に進路を取れ』（１９５９年）、『サイコ』（１９６０年）、『鳥』（１９６３年）など、映画史に残る傑作を多く生み出し、商業的・娯楽映画としての成功と、革新的な映像演出に巧みなストーリー・テリングといった芸術性とを兼ね備えた作風は、ヌーヴェル・ヴァーグをはじめのちの映画作家たちに多大な影響を与えた。１９８０年にエリザベス女王からナイトに叙された（叙勲まで長くかかったことを問われて、「女王陛下は慎重なんでしょうな」とジョークで答えた）。１９８０年４月29日死去。

HICHCOCK'S FILMOGRAPHY

1926	快楽の園	*The Pleasure Garden* ※監督デビュー作
	山鷲	***The Mountain Eagle*** ※６枚のスチール写真を除いては現存せず。
	下宿人	*The Lodger：A Story of the London Fog*
1927	ダウンヒル	***Downhill***
	ふしだらな女	*Easy Virtue*
	リング	***The Ring***
1928	シャンパーニュ	*Champagne*
	農夫の妻	***The Farmer's Wife***
1929	マンクスマン	*The Manxman*
	恐喝	***Blackmail*** ※最初のトーキー作品。サイレント版もあり。
1930	ジュノーと孔雀	*Juno and the Paycock*
	殺人！	***Murder!***
	エルストリー・コーリング	*Elstree Calling*
1931	スキン・ゲーム	***The Skin Game***
	メアリー	*Mary* ※殺人！のドイツ版
1932	第十七番	***Number Seventeen***
	リッチ・アンド・ストレンジ	*Rich and Strange*
1933	ウィンナー・ワルツ	***Waltzes from Vienna***
1934	暗殺者の家	*The Man Who Knew Too Much*
1935	三十九夜	***The 39 Steps***
1936	間諜最後の日	*The Secret Agent*
	サボタージュ	***Sabotage***
1937	第３逃亡者	*Young and Innocent*
1938	バルカン超特急	***The Lady Vanishes***
1939	巌窟の野獣	*Jamaica Inn*

アメリカ時代

1940	レベッカ	*Rebecca* アカデミー作品賞
	海外特派員	***Foreign Correspondent***
1941	スミス夫妻	*Mr. & Mrs. Smith*
	断崖	***Suspicion***
1942	逃走迷路	*Saboteur*
1943	疑惑の影	***Shadow of a Doubt***
	救命艇	*Lifeboat*
1944	闇の逃避行	***Bon Voyage*** ※英国政府製作のフランス向け国策映画
	マダガスカルの冒険	*Aventure Malgache* ※同上
1945	白い恐怖	***Spellbound***
1946	汚名	*Notorious*
1947	パラダイン夫人の恋	***The Paradine Case***
1948	ロープ	*Rope*
1949	山羊座のもとに	***Under Capricorn***
1950	舞台恐怖症	*Stage Fright*
1951	見知らぬ乗客	***Strangers on a Train***
1953	私は告白する	*I Confess*
1954	ダイヤルＭを廻せ！	***Dial M for Murder***
	裏窓	*Rear Window*
1955	泥棒成金	***To Catch a Thief***
	ハリーの災難	*The Trouble with Harry*
1956	知りすぎていた男	***The Man Who Knew Too Much***
	間違えられた男	*The Wrong Man*
1958	めまい	***Vertigo***
1959	北北西に進路を取れ	*North by Northwest*
1960	サイコ	***Psycho***
1963	鳥	*The Birds*
1964	マーニー	***Marnie***
1966	引き裂かれたカーテン	*Torn Curtain*
1969	トパーズ	***Topaz***
1972	フレンジー	*Frenzy*
1976	ファミリー・プロット	***Family Plot***

＊とくにサイレント期の作品については、「製作年」を取るか「公開年」を取るか、あるいは限定公開の日付か一般公開の日付かで、年号や作品の順番まで変わってしまう。詳細はさらなる研究を待つことにして、ここでは英国映画協会の研究によるイギリス公開年を採用した。

［各作品解説］

『快楽の園』The Pleasure Garden

イギリス　1926年／デジタル修復版プレミア　2012年6月28日
ロンドン　ウィルトン・ミュージック・ホール／90分

ヒッチコック9
『快楽の園』
The Pleasure Garden

[スタッフ]
監督：アルフレッド・ヒッチコック
製作：ゲインズボロー・ピクチャーズ、エメルカ・フィルム／提供：マイケル・バルコン／プロデューサー：エーリッヒ・ポマー／制作：エメルカ・スタジオ／監督補・スクリプター：アルマ・レヴィル／原作：オリヴァー・サンディス／翻案：エリオット・スタンナード／撮影：ガエターノ・ディ・ヴェンティミーリア／セット・デザイン：ルートヴィヒ・ライバー

[出演]
ヴァージニア・ヴァリ（パッツィ・ブランド）／カルメリータ・ゲラティ（ジル・チェイン）／マイルス・マンダー（レヴェット）／ジョン・スチュアート（ヒュー・フィールディング）／ジョージ・スネル（オスカー・ハミルトン）／C・ファルケンブルク（プリンス・アイヴァン）／フレドリック・K・マルティーニ（サイディー氏）／フローレンス・ヘルミンガー（サイディー夫人）／ニタ・ナルディ（現地の少女）

◉あらすじ
ロンドンの劇場「快楽の園」の踊り子パッツィは、田舎娘ジルを助けて同じ劇場の踊り子にひきいれてやる。ジルはヒューという男と恋仲になり婚約するが、彼は南洋の植民地に旅立っていった。彼の友人レヴェットはパッツィと結婚しイタリアへ新婚旅行に出掛けた。ヒューを追って南洋に行くはずだったジルは、ロンドンでパトロンの男たちに囲まれて華やかな生活を享楽していた。レヴェットも友人ヒューの後を追って南洋に赴き、現地の娘と関係を持っていた。パッツィはそれを知って夫と別れる決心をするが、レヴェットは半狂乱になり現地の娘を自殺に見せかけて溺死させ、パッツィも殺そうとした時、植民地の医者に射殺される。その頃、ヒューはジルがロンドンで貴族の愛妾となってしまったことを聞いて悲嘆していた。失意のパッツィとヒューは結ばれ、新しい人生を歩むことを決意する。

◉解説
W・T・ヘンリー電信会社に勤めながらロンドン大学美術学部の技術・製図コースに通っていたヒッチコックは、会社の広告部に異動し、パンフレットの編集・執筆や広告デザインをおこなっていた。１９１９年に、ハリウッドのフェイマス・プレイヤーズ＝ラスキー社（のちのパラマウント社）が、ロンドン北東部のイズリントン地区に撮影所を持った時に、20歳のヒッチコックは字幕デザイナーとして応募し、採用された。

こうして映画界入りしたヒッチコックは、そこで12本の字幕デザインを担当した。サイレント映画時代に

ヒッチコック9
『快楽の園』
The Pleasure Garden

は各社とも字幕のデザインの美しさを競い、書体や字幕に添える絵（たとえば、愛の言葉の字幕のときは一輪の花を描くなど）で趣向を凝らした。１９２８年の第一回目のアカデミー賞には、字幕デザインに送られる賞があったほどだ。

ヒッチコックの回想によると、つまらないストーリーの時は字幕を勝手に書き直して、内容を変えてしまったこともあったらしい。そんなわけで、映画界入りしてすぐの時期に、ヒッチコックが、デザイナーとしてのみならずストーリーテラーとしての修行をも積んでいたことは注目に価する。

ヒッチコックが23歳のときに、スタジオの宣伝担当のアニタ・ロスが「ピーボディ夫人」（または「第十三番」）なる脚本を書き、彼女の推薦でその監督に任命される。なぜ宣伝担当にそのような権限があったかというと、ロスは「ハリウッドでチャップリンの側で仕事をしたことがある」という触れ込みで職を得ていた。ヒッチコックによると、当時チャップリンと仕事をしたことがあるというだけで「天才扱い」されたので、宣伝担当にもかかわらずロスが脚本を書くという企画が通ったらしい。しかし、作品はひどい代物で未完に終わった。

その後、イギリスで製作された映画がアメリカで不入りであることを受けて、フェイマス・プレイヤーズ＝ラスキー社はイズリントンの撮影所を閉じてしまい、プロデューサーのマイケル・バルコンと監督のグレアム・カッツが新たに撮影所を引き継いだ。ヒッチコックは、バルコンたちのもとで共同脚本、美術監督、編集、助監督などをこなすなんでも屋として重宝された。その頃スクリプターや編集を担当していたアルマ・レヴィルは、のちにヒッチコックの妻となる。

やがて監督のカッツと衝突して助監督を降りたヒッチコックに、バルコンは監督をやってみないかと提案する。それが監督第一作の『快楽の園』だ。１９２３年に発表されてベストセラーになっていたオリヴァー・サンディス（作家で女優でもあったマルグリット・フローレンス・ローラ・ジャーヴィスのいくつかあるペンネームの一つ）の同名小説を脚色。ヒッチコックは第一作にして、悪い女を思い続ける良い男、悪い男と結婚する良い女という単純な二項対立のメロドラマに、不幸を暗示するかじったままのりんごや、主人公の性格を花や果物の配置で表現するなど、象徴的なイメージによる映像的な演出を果敢に試みた。冒頭の階段をおりてくる踊り子たちの足を捉えた有名なシーン（25歳のヒッチコックは当時まだ女性関係がなかったとのちに回想しているが、だとすればこの艶やかな映像は天性のものだ）をはじめ、よく知らない人と結婚してしまい常に不安に苛まれる女性など、後年のヒッチコックのモチーフがデビュー作にすでにあらわれている。

ヒッチコック9
『快楽の園』
The Pleasure Garden

イギリスでは出資が見込めない新人監督ゆえ、ミュンヘンのエメルカ社との提携で、全編ドイツとイタリアのロケで撮影された。本作の撮影については、「慢性的な資金不足で苦労を重ねてなんとか完成を見た」ということばかりが強調されるが、実のところエメルカ・スタジオは1973年のヒッチコックの回想によると「ユニバーサル映画よりも巨大なスタジオ」で、鉄道駅のセットや森のセットまであった豪華な撮影所だった。ヒッチコックが、ドイツ映画の黄金時代にドイツで監督修業をしたことはその後のキャリアに大きな影響を与えることになる。

ともあれ作品は完成したのだが、ゲインズボロー社の共同経営者の一人だったC・M・ウルフが作品を気に入らず、1年間公開されないままになっていた。ようやく公開されると、作品は好評を博し、「デイリー・エクスプレス」紙は、「巨匠の頭脳を持った若者(Young man with a Master Mind)」と批評で絶賛。ここに監督ヒッチコックのキャリアは始まった。

◉修復について

ヒッチコックのサイレント作品のなかで、修復によってもっとも劇的に美しくよみがえった一本。BFIのナショナル・アーカイヴに保存されていた素材以外にも、フランス、オランダ、アメリカから取り寄せた可燃性フィルムを丹念に比較研究した結果、従来、2つのヴァージョンが存在すると考えられていた本作は、実は単一のヴァージョンのみ存在することが分かった。17500フィート分のフィルムを一コマずつ4Kスキャンし、数ヶ月かけてオリジナル通りに再編集を行なった。染色フィルムが多かったので色調は難航したが、BFI所蔵のネガにあわせて補正した。字幕のデザインも当時のものを完全に復元した。

【修復スタッフ・クレジット】

修復:BFI National Archive　修復協力:ITV STUDIOS GLOBAL ENTERTAINMENT, Park Circus Films　監修:ブライオニー・ディクソン、キーロン・ウェッブ

【音楽】

1988年生まれの若手ながら、これまで多くのサイレント映画に音楽をつけてきたダニエル・パトリック・コーエンが作曲。代表作に、アントニオーニの映画からインスパイアされた"The Passenger"がある。演奏は、王立音楽院マンソン・アンサンブル。

［各作品解説］

『下宿人』

The Lodger : A Story of the London Fog

イギリス　1926年／デジタル修復版プレミア　2012年7月21日
ロンドン　バービカン・センター／90分

ヒッチコック9

『下宿人』

The Lodger:A Story of the London Fog

【スタッフ】

監督：アルフレッド・ヒッチコック

製作：ゲインズボロー・ピクチャーズ／プロデューサー：マイケル・バルコン

助監督：アルマ・レヴィル／原作：マリー・ベロック・ロウンデス／翻案：エリオット・スタンナード、アルフレッド・ヒッチコック／撮影：バロン・ヴェンティミーリア、ハル・ヤング／美術監督：C・ウィルフレッド・アーノルド、バートラム・エヴァンス／編集・タイトル：アイヴァ・モンタギュ／タイトル・デザイン：E・マックナイト・カウファー

【出演】

マリー・オールト（バンティング夫人）／アーサー・チェズニー（バンティング氏）／ジューン・トリップ（デイジー・バンティング）／マルコム・キーン（ジョー・ベッツ）／アイヴァ・ノヴェロ（下宿人）／アルフレッド・ヒッチコック（ニューズルームの男／見物人）／アルマ・レヴィル（受信機を聞く女）

●あらすじ

冬のロンドンで、決まって火曜の夜に、金髪の若い女性ばかりが犠牲となる連続殺人が起こっていた。犯人は黒いコートを着て、黒い鞄を持ち歩いている。ロンドン中のブロンド娘が殺人鬼のことを恐れていた。下宿屋の娘デイジーもブロンド娘だった。ある日デイジーが、恋人の刑事ジョーに「殺人鬼を逮捕できないでしょ」などとからかっていると、そこに黒づくめの一人の男が部屋を借りにやってきた。怪しげな彼の行動に周囲の人びとは彼こそ犯人ではないかと疑うが、デイジーは下宿人と仲良くなっていく。ある火曜の夜に、下宿人とデイジーは一緒に出かける。方々を探したが見つからず、両親の不安が最高潮に達した夜更けに二人は帰宅。ジョーは、下宿人を逮捕する。だが、下宿人は手錠のまま逃走する。実は、彼は殺人犯に妹を殺され、復讐のために犯人を探していたのだ。彼は乗り越えようとした鉄柵に手錠がひっかかり宙吊りになってしまう。興奮した群衆が今にも彼につかみかかろうとした時、真犯人逮捕の報が届いた。下宿人とデイジーは固く抱き合うのだった。

●解説

「『下宿人』が最初の本当のヒッチコック映画だ」と本人も言う通り、本作は、ヒッチコックのスタイルが確立された、彼にとって最初のスリラー映画だ。『快楽の園』『山鷲』（プリントは現存しない）をドイツで撮影しているあいだ、ヒッチコックは『カリガリ博士』（1920年、ロベルト・ヴィーネ監督）や『吸血鬼ノスフェラトゥ』（1922年、F・W・ムルナウ監督）などのドイツ表現主義の作品群をむさぼるように見

ヒッチコック9

『下宿人』

The Lodger:A Story of the London Fog

た。それらの作品の、様式化された抽象的な美術、光と影のコントラストを強調した照明で登場人物の心理的混乱を描く手法は、デビュー直後の若きヒッチコックに大きな影響を与えた。

『下宿人』は、マリー・ベロック・ロウンデスが1913年に発表したベストセラー小説を原作としている。原作小説は、「切り裂きジャック」の実話にヒントを得たと言われているが、実話と小説のあいだにはあまり強い関連性は見当たらない。ヒッチコックは以前より原作を愛読しており、この本において、彼の生涯のテーマとなる「犯人に間違われる男」に出会った。

ただし、ヒッチコックが映画化を思いついたのは、アイヴァ・ノヴェロ主演の舞台化を見てからだ。ノヴェロは当時二枚目俳優として大人気だった。ロンドンのストランド劇場の上の部屋に長らく住んでいたノヴェロにちなんで、2005年からそこはノヴェロ劇場と名を変えたが、イギリスでは今でも劇場名になるほどその名は二枚目俳優の代名詞である。そんな彼が舞台で怪しげな男を演じたことが、ヒッチコックによる映画化をインスパイアした——つまり、ヒッチコックは、原作のストーリーもさることながら、怪しげな男を二枚目が演じるギャップに惹かれて映画化を決意したわけで、本作において、観客の予想と期待を裏切る、ヒッチコックお得意のキャスティング術が始まったと言える。

ジューン・トリップは、ヒッチコックのフィルモグラフィのなかで、金髪女優（もしくは、ヒッチコックのために金髪に染めた女優）の二人目にあたる（一人目は、『快楽の園』のヴァージニア・ヴァリ）。デイジーの恋人役の刑事は、「僕は金髪に目がないんだ——あの復讐鬼と同じようにね」と冗談を言うが、実にそれはヒッチコック本人の趣味でもあった。

本作は、天井をガラスにして、上の階で下宿人が歩いている様子を見せるなど、大胆な視覚的演出を施した作品としても有名だ。また、エキストラ不足を補うために始めたヒッチコックのカメオ出演の第1作でもある。

配給を担当していたC・M・ウルフは、娯楽に芸術的な演出を持ち込むヒッチコックとそりが合わず、本作を見て激しく嫉妬して、「お前の映画はひどすぎて上映することはできない。作品のことは忘れなさい」とまで言い、お蔵入りになりかけたが、ゲインズボロー社のマイケル・バルコンとアイヴァ・モンタギュの尽力でなんとか公開にこぎ着けた。モンタギュは、公開にあたりいくつかのショットの撮り直しをヒッチコックに要請したが、なによりもモンタギュの功績は字幕の大半をカットした上、残した字幕に画家のE・マックナイト・カウファーの絵を加えたことだ。

1926年9月に公開された本作は大ヒットを記

ヒッチコック9
『下宿人』
The Lodger:A Story of the London Fog

録。業界紙バイオスコープは「これまで作られたなかで、最良のイギリス映画と言える」と絶賛した。

◉修復について

ネガが存在しないため、BFIに保管されていた可燃性プリントを第一の素材とした。世界中のアーカイヴからプリントを取り寄せて比較検討。アイヴァ・モンタギュによる字幕編集のメモが残っていたので、それによりコンティニュイティを確認することができた。最良の素材を4Kスキャンしたあと、数百時間をかけて汚れと傷を取り除いた。

『下宿人』は、公開当初から着色されていたのだが、これまでの修復版ではその色のトーンにはあまり注意がはらわれていなかった。今回、初のデジタル修復において、厳密な色調補正が行なわれ、夜のシーンの青のトーン、なにより特徴的な夜の霧の琥珀色が公開当時の美しさで蘇った。

【修復スタッフ・クレジット】

(BFI National Archive) 監修：ブライオニー・ディクソン、キーロン・ウェッブ／映像修復：ベン・トンプソン、ピーター・マーシャル／フィルム比較検査：アンジェロ・ルカテッロ

(Deluxe 142) 製作：ポール・コラード、マーク・ボニチ、ジョナサン・ディクソン／カラリスト：スティーヴン・ビアマン／デジタル映像修復：Deluxe 142 修復チーム／フィルム・スキャンと映像記録：ポール・ドゥーガン

【音楽】

アシッド・ジャズをベースにアジア音楽など様々なジャンルを取り入れた作風で国際的に著名な音楽家ニティン・ソーニーの作曲。ポール・マッカートニーらとも共作する実力派で、これまで50以上の映画音楽をも手がけている。演奏は、ロンドン交響楽団。

『ダウンヒル』*Downhill*

イギリス　1927年／デジタル修復版プレミア　2012年9月20日
ロンドン　BFI　サウスバンク／105分

ヒッチコック9
『ダウンヒル』
Downhill

【スタッフ】
監督：アルフレッド・ヒッチコック
ゲインズボロー・ピクチャーズ／プロデューサー：マイケル・バルコン、C・M・ウルフ／原作：デイヴィッド・レストランジュ（コンスタンス・コリアの筆名）およびアイヴァ・ノヴェロによる舞台劇『ダウンヒル』／脚色：エリオット・スタナード／助監督：フランク・ミルズ／撮影：クロード・マクドネル／編集：ライオネル・リッチ／スクリプターと編集助手：アイヴァ・モンタギュ／美術：バートラム・エヴァンス

【出演】
アイヴァ・ノヴェロ（ロディ・バーウィック）／ベン・ウェブスター（ドクター・ドーソン）／イザベル・ジーンズ（ジュリア・フォザリンゲイル）／イアン・ハンター（アーチー）／アネット・ベンソン（メイベル）／ロビン・アーヴィン（ティム・ウェイカリー）／ノーマン・マッキンネル（サー・トーマス・バーウィック）／ヴァイオレット・フェアブラザー（詩人）／バーバラ・ゴット（マダム・ミシェ）／ジェロルド・ロバートショー（ヘンリー・ウェイクリー牧師）／シビル・ローダ（シビル・ウェイクリー）／リリアン・ブレイスウェイト（バーウィック夫人）／ハンナ・ジョーンズ（ドレッサー）／アルフ・ゴダード（船乗り）

◉あらすじ

ロンドンの良家の息子ロディはパブリック・スクールの生徒でラグビーのスター選手だ。しかし、彼はウェイトレスのメイベルを妊娠させたかどで退校させられてしまった。実のところ、メイベルと関係を持ったのは学友ティムであり、ロディは無関係なのだが、彼は真相を口外しなかったため、父親からも勘当される。放校されたロディは、俳優になり舞台の主演女優と結婚したが、ロディの持ち金がなくなると女優は主演男優のもとに戻ってしまった。パリに転居して現地のミュージック・ホールでジゴロ的な生活を送るが、お金のために年上の女性とつきあうことに嫌気がさし、マルセイユの貧民街で一人暮らす。やがて、ロディの父は真実を知り、ロンドンで元どおりの生活に戻ることができた。

◉解説

前作『下宿人』の批評的・商業的成功をうけて、ゲインズボロー社はヒッチコックと主演のアイヴァ・ノヴェロのコンビでもう一本作ることを望んだ。ノヴェロと名女優コンスタンス・コリアがデイヴィッド・レストランジュのペンネームで書いた芝居『ダウンヒル』は、うってつけの題材だった。

「下り坂」を意味するタイトルの通り、学校のアイドルは、望みもしないのに次々とあらわれる美女たちの

ヒッチコック9
『ダウンヒル』
Downhill

せいで人生の坂を転げ落ちる。このプロットは、原作の共同執筆者であるノヴェロ自身の体験も反映されていると思われる。当時、舞台やオペレッタなどで大人気のアイドルスターだったノヴェロ―舞台版ではラグビーの試合の後、足をあらわにして石鹸で洗うシーン見たさに女性ファンが詰めかけたので、ヒッチコックは映画でも上半身を脱ぐシーンを入れた――は、同性愛者であり、彼に近づいてくる美女たちは彼にとって鬱陶しい存在でしかなかった。

関係を持ってもいないのに子供の父親になれと強要する女、お金目当てに近づく利己的な女優、そして老女相手にジゴロをさせる「マダム」――入れ替わり立ち代り登場する悪女たちは、ヒッチコックのテイストに合致した。いつものヒッチコック作品の、罪なく苦しめられるブロンド娘の役回りは、本作では美男子ノヴェロ（当時34歳のノヴェロが学生を演じている点からして、現代の日本にも通じるアイドルの悲劇ともいえる）が演じている。１９２０年代後半という時代を考えると、悪い男に騙される女性の話よりも、悪い女に騙される男性の話のほうがはるかにショッキングで、それゆえに本作は、ヒッチコック初期作のなかでもっとも暗いトーンである。

後年、ヒッチコック自身は、人生の下り坂にかけてエスカレーターの下り坂を映したショットを入れたことを「もうとてもできないようなナイーブなこと」だったと切り捨てているが（『定本　映画術』）、主人公がエレヴェイターの「ダウン」を押すシーンに至るまで、「下り」にこだわって映像にして、サイレント映画の演出技法として適切な効果をあげている。彼のきらびやかなタキシード姿が、実は舞台の端役でウェイターをしているだけだったという皮肉なショットも印象的だ。なにより有名なのは、安いダンスホールで魅力的な女がロディを誘惑するが、光が差し込んで女の顔を照らしたとき老醜をさらけだした無残なイメージにロディは愕然とする――そして、窓の外には喪服の葬列が見えるというシーンだ。そこでのダイナミックな陰影には、ドイツ表現主義の影響が強く見て取れる。

ラスト近くで、イギリスに戻る船のなかで、錯乱状態にあるロディが見る悪夢は宗教画に出てくる地獄のようでもあるが、ここでヒッチコックは現実と夢との境目に（通常よく用いられる手法である）ディゾルヴを使わずに、いつのまにか悪夢のなかにいるという冒険的な演出をしている。また、そのシーンでは、主人公の心理状態をあらわすために、ヒッチコックは舞台照明の演出を用いてフィルムを深い緑色に染色した。後年、『めまい』においても、類似した演出をしている。

◉修復について

オリジナルのネガは残存していないので、英国映画協会と、オランダのＥＹＥ映画協会にそれぞれ保管

ヒッチコック9
『ダウンヒル』
Downhill

されていた可燃性フィルムを元素材とした。ヒッチコック作品のなかで、『快楽の園』『下宿人』『ダウンヒル』の三本は、当時イギリスでの初公開の際から、フィルムに染色がほどこされていた。ヒッチコックはその色調にこだわったわけだが、一次資料が残っていないため、修復における色調の再現にあたっては多くの議論がなされた。もちろん、他の作品と同じくデジタル修復において、傷や汚れを取り除くために長い時間をかけた。

【修復スタッフ・クレジット】

修 復：BFI National Archive　修 復 協 力：ITV STUDIOS GLOBAL ENTERTAINMENT, Park Circus Films　監修：ブライオニー・ディクソン、キーロン・ウェッブ

【音楽】

修復版のワールド・プレミア上映では、ヴォイス・パーカッションで著名なシュロモが上映にあわせてライヴ・パフォーマンスして話題になった。その後、ポルデノーネ無声映画祭などで活躍するサイレント映画ピアニスト、ジョン・スウィーニーの演奏が収録された。

［各作品解説］

『ふしだらな女』*Easy Virtue*

イギリス　1927年／デジタル修復版プレミア　2012年9月28日
ロンドン　BFI サウスバンク／70分

ヒッチコック9
『ふしだらな女』
Easy Virtue

【スタッフ】
監督：アルフレッド・ヒッチコック
ゲインズボロー・ピクチャーズ／プロデューサー：マイケル・バルコン、C・M・ウルフ／原作：ノエル・カワード／脚本：エリオット・スタナード／助監督：フランク・ミルズ／撮影：クロード・マクドネル／編集：アイヴァ・モンタギュ／美術：クリフォード・ペンバー

【出演】
イザベル・ジーンズ（ラリータ・フィルトン）／フランクリン・ダイアル（オーブリー・フィルトン）／エリック・ブランズビー・ウィリアムズ（クロード・ロブソン）／イアン・ハンター（弁護士）／ロビン・アーヴィン（ジョン・ウィッテイカー）／ヴィオレット・フェアブラザー（ジョンの母、ウィッテイカー夫人）／フランク・エリオット（ジョンの父、コロネル・ウィッテイカー）／デイシア・ディーン（マリオン・ウィッテイカー）／ドロシー・ボイド（ヒルダ・ウィッテイカー）／イーニッド・スタンプ＝テイラー（サラ）／ベニタ・ヒューム（電話交換手）／アルフレッド・ヒッチコック、ベン・ウェブスター（テニスコートのエキストラ）

◉あらすじ
ラリータ・フィルトンの夫オーブリーは酒乱で、いつも妻ラリータに暴力をふるっている。ラリータの肖像画を描くうちに彼女に想いを寄せるようになった画家クロードは、彼女に求愛する。ラリータは拒絶するが、そこに入ってきた夫オーブリーは、ラリータが浮気をしたと思い込む。男二人がもみ合ううちに、クロードはオーブリーを銃で撃って重傷を負わせたあと自殺する。離縁されたラリータは、南フランスで新しい人生を送ることを決意した。やがて、新天地で出会ったジョンに求婚されて、ラリータは再婚する。ジョンは彼女の過去についてなにも知らなかったが、ジョンの母親がラリータの過去を洗い出し、息子を離婚させる。離婚裁判の後、全てを失ったラリータは、ゴシップを追うカメラマンに対して顔を隠すこともしなかった。

◉解説
20世紀のイギリスを代表する劇作家のノエル・カワードが、1924年に書いたヒット舞台劇の映画化。ウィットにとんだ軽妙な会話に特徴があるカワードの風習喜劇をサイレント映画にするのはヒッチコックにとって大きなチャレンジだった。原作の芝居は、ラリータの不在中にジョンの母親がラリータの悪口を延々と喋っているところから始まる。それらの台詞のおかげで、その後ヒロインが登場した時にはすでに、ラリー

ヒッチコック9

『ふしだらな女』

Easy Virtue

タがいかなる状況に置かれている女なのか、観客は十分に理解できている。しかし、このように台詞で状況を説明することは、サイレント映画ではできない。この難問について、脚本のエリオット・スタナードは、舞台ではラストに来るラリータとジョンとの離婚裁判を冒頭に持ってきて、ラリータのキャラクターをあらわすもっともインパクトのあるシーンを最初に見せることによって解決した。「ピクチャー・ゴウアー」誌の1927年7月号で、「ノエル・カワードの芝居を映画化することは、かなりの難問に聞こえる――ヒッチコック氏はそれをなしとげた！」と評されているように、会話劇を映像に見事に移し替えたのだ。冒頭の片眼鏡を通して見る法廷の描写や、ジョンがラリータにプロポーズをするシーンで、二人の会話を盗み聞きしている電話の交換手の表情だけで、彼らが結婚の約束をしたことを暗示する手法など、字幕による説明に頼らない映像の演出が冴え渡っている。

原作の劇と共通している字幕はわずか一箇所。ジョンの母が、「お前にはたくさんの恋人がいたとみんな言っているけど、それは本当か？」と聞いて、ラリータが「もちろん違います。私を本当に愛してくれた人はほとんどいません」と答える部分だけだ。

すでに『ヘイ・フィーヴァー』の大ヒットで時代の寵児となっていたノエル・カワードは、戯曲『ふしだらな女』を書く際、誰か俳優を思い浮かべてあて書きするわけでもなく、ただ19世紀後半のオスカー・ワイルドに代表される英国風習喜劇の伝統へのノスタルジーから本作を書いた。すなわち、そのテーマとは、上流階級の狭い世間と、誤解の末にそこから疎外される女、そしてなにより「過去のある女」だ。

映画史家のチャールズ・バーも指摘する通り、『ふしだらな女』のラリータは、『ダウンヒル』におけるロディと、性別こそ異なっているが、その他は多くの点で共通している。両者とも上流階級の出身で、その狭い世間から放逐されて下り坂を転げ落ちていく。転落の原因は、二人とも「間違えられた」ことである――言うまでもなく、この「間違えられた」というテーマはヒッチコックのフィルモグラフィを貫くキーワードとなる。

◉修復について

ヒッチコックのサイレント作品のなかで、もっともフィルムの保管状態が悪いのが『ふしだらな女』だった。ネガもポジも現存せず、家庭用に複製された16ミリのプリントがいくつか存在するだけだった。もともとの長さは7390フィートで、（回転スピードにもよるがおおむね）94分の映写時間だったが、現存する素材は5434フィートで69分にしかならなかった。英国、米国、オーストラリア、オランダで発見された16ミリ素材を比較すると、すべて同じ素材から複製されたものであることがわかり、その証拠に同じ箇所に傷がついていた。修復チームは、傷を修正し、字幕を作り直すなど、できる限りの作業を行なった。

［修復スタッフ・クレジット］
修復：BFI National Archive　修復協力：ITV STUDIOS GLOBAL ENTERTAINMENT, Park Circus Films　監修：ブライオニー・ディクソン、キーロン・ウェッブ

［音楽］
サイレント映画伴奏ピアニストとして世界的に著名なスティーヴン・ホーンの演奏。スティーヴンは、チャップリンをはじめ多くのＤＶＤで演奏を担当している。

『リング』*The Ring*

イギリス　1927年／デジタル修復版プレミア　2012年7月13日
ロンドン　ハックニー・エンパイア劇場／108分

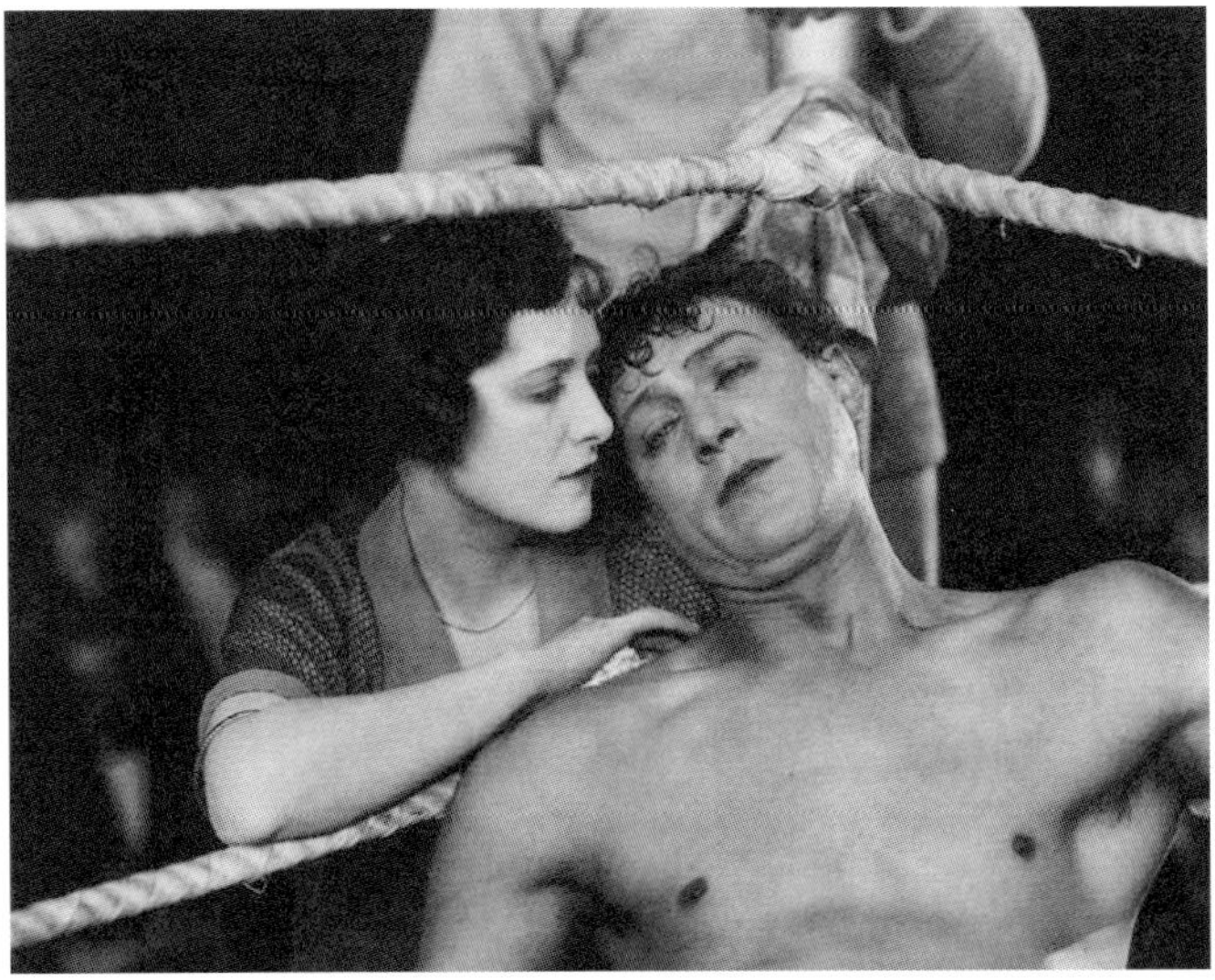

ヒッチコック9
『リング』
The Ring

［スタッフ］
監督：アルフレッド・ヒッチコック
ブリテッシュ・インターナショナル・ピクチャーズ作品／プロデューサー：ジョン・マックスウェル／脚本：アルフレッド・ヒッチコック／脚本協力：エリオット・スタナード／スクリプター：アルマ・レヴィル／助監督：フランク・ミルズ／撮影：ジャック・コックス／美術：ウィルフレッド・アーノルド

［出演］
カール・ブリッスン（ジャック・〝ワン・ラウンド〟・サンダー）／リリアン・ホール＝デイヴィス（メイベル）／イアン・ハンター（ボブ・コービー）／フォレスター・ハーヴィー（プロモーター、ジェイムズ・ウェア）／ハリー・テリー（呼び込み）／ゴードン・ハーカー（ジャックのトレーナー）／クレア・グリート（占い師）／ユージーン・コーリ（レフェリー）／ビリー・ウェルズ（ボクサー）

◉あらすじ
遊園地のボクシングの見せ物小屋。ボクサーのジャックはどんな敵でもワン・ラウンドで倒すと評判だ。しかし、そこにあらわれたヘビー級チャンピオンのボブに、ジャックはKOされてしまう。ボブのマネジャーはジャックの才能を見抜き、ジャックはボブのスパーリングの相手として働くことになる。正式に職についたことで、ジャックは見せ物小屋の受付嬢メイベルと結婚するが、メイベルはボブに惹かれ始めていた。その後の試合でボブはジャックを倒し、ボブとメイベルの仲はますます深まっていく。嫉妬に燃えるジャックは懸命に練習に励み、二人はリングで決着をつけることになった。ボブに打たれ続け追い込まれたジャックを見て、メイベルは自分の本当の気持ちに気づき、ジャックを応援する。妻の声援を力に、ジャックはボブに逆転勝ちし、ボブとメイベルは固く抱き合った。

◉解説
ヒッチコックの6本目の監督作で、初のみずからの原案・脚本によるオリジナル作。また、本作はゲインズボロー社から移籍したブリティッシュ・インターナショナル・ピクチャーズでの第一作でもある。

初のオリジナル作と書いたが、実のところ、驚くべきことに『リング』はヒッチコックの生涯を通じて唯一の自分のオリジナル原案、オリジナル脚本による作品だ。すでに5本の作品で、才能を開花させていたので、撮影所のスタッフたちはヒッチコックが書いてきた『リング』の脚本の構成の巧みさに感嘆した。それほどの巧者であったにもかかわらず、本作以外の作品では別に脚本家をたてて作業をした理由は、ヒッチ

ヒッチコック9
『リング』
The Ring

コックが自身のことをあくまで画家出身の映像の演出家であると認識していたからである。台詞を書くのが不得手だと思い込んでいたようだ。

　本作は、男女の三角関係のメロドラマである。エリック・ロメールが指摘した通り、後年たびたびあらわれる不倫のモチーフがここではっきり描かれた。舞台となったボクシングは、ヒッチコックのお気に入りのスポーツで、ロイヤル・アルバート・ホールでのチャンピオン戦をよく見に行っていたという。

　タイトルになっている「リング」とは、結婚指輪のことでもある。夫婦のリング(結婚指輪)を脅かすのが、ボクシングのリングであるというわけだ。結婚指輪を脅かすといえば、ボブがメイベルに贈ったブレスレットには、誘惑と不貞をあらわす蛇がデザインされており、危険な三角関係を象徴する小道具となっている。

　キャメラマンは、初期作品で多くコンビを組んだ――生涯を通じてもロバート・バークスの次に本数の多い――ジャック・コックス。スタジオ内に作ったボクシング・リングのセットに、当時としては大人数のエキストラを用いて、様々なアングルから群衆を撮った。パーティーでヒロインのために乾杯するシーンでは、まずグラスに注がれたシャンパンの泡が映され、泡がひとつひとつ消えてグラスの向こうに会場の様子が見えたとき、ヒロインの姿はなく、他の男とどこかに消えてしまっている、という凝りに凝った映像演出もある。

　ヒロインを演じたリリアン・ホール＝デイヴィスは、ヒッチコック映画によく出てくるブロンド娘ではなく、ナチュラルな雰囲気の女性で、彼のフィルモグラフィのなかでは異彩を放っている。

　『リング』は商業的にはヒットしなかったものの、批評家には高く評価され、デイリー・メイル紙のアイリス・バリーは「イングランドでこれまで作られたなかでもっとも偉大な一本」とした。ヒッチコック自身も「『下宿人』につぐ二番目の真のヒッチコック映画だ」としている。

◉修復について

　英国映画協会は、１９５９年にアソシエイティッド・ブリティッシュ・ピクチャー・コーポレーションから『リング』のオリジナルのネガの提供を受けていた。その段階ですでにネガの痛みは激しかったので、すぐにポジが作成された。

　今回の修復は、１９５９年に作成されたポジを２Ｋスキャンし、手作業で傷を除くことから始まった。字幕は原本の手書きのものをスキャンし、再作成した。

　こうして仕上がったデータでデジタルのマスター素材を作り、その後上映用の35ミリのフィルムとＤＣＰ（デジタル・シネマ・パッケージ）を作成した。

ヒッチコック9
『リング』
The Ring

[修復スタッフ・クレジット]
修　復：BFI National Archive　修復協力：ITV STUDIOS GLOBAL ENTERTAINMENT, Park Circus Films　監修：ブライオニー・ディクソン、キーロン・ウェッブ

[音楽]
サイレント映画伴奏ピアニストとして世界的に著名なスティーヴン・ホーンの演奏。スティーヴンは、チャップリンをはじめ多くのDVDで演奏を担当している。

〔各作品解説〕

『シャンパーニュ』*Champagne*

イギリス　1928年／デジタル修復版プレミア　2012年9月27日
BFIサウスバンク／105分

ヒッチコック9
『シャンパーニュ』
Champagne

［スタッフ］
監督：アルフレッド・ヒッチコック
ブリテッシュ・インターナショナル・ピクチャーズ作品／配給：ウォーダー・フィルムズ／プロデューサー：ジョン・マックスウェル／制作：エルストリー・スタジオ／原作：ウォルター・C・マイクロフト／脚本：エリオット・スタナード／脚色：アルフレッド・ヒッチコック／助監督：フランク・ミルズ／撮影：ジャック・コックス／撮影助手：アルフレッド・ルーム／スチール：マイケル・パウエル／美術：ウィルフレッド・アーノルド

［出演］
ベティ・バルフォア（ベティ）／ジャン・ブラダン（青年）／ファーディナンド・フォン・アルテン（男）／ゴードン・ハーカー（マーク、ベティの父）／クリフォード・ヘザリー（興行主）／ハンナ・ジョーンズ（クラブの給仕）／マーセル・ヴィバート（ボーイ）／クロード・ハルバート（階段にいるクラブのゲスト）／ジャック・トレヴァー（係員）／サンデイ／ウィルシン（少女）／バリオル＆マートン、フィリス・コンスタム（踊り手）

◉あらすじ
シャンパンで財を成した億万長者の娘ベティは愛する男との結婚を父に反対され、家出してフランスへ行った。父は、娘の彼氏のことを財産狙いの悪い男だと思っていたのだ。娘に世間の厳しさを教えるために、父は「株で損をして破産した」と嘘をつく。生活のために売ろうとした宝石も全部盗まれてしまったベティは、高級レストランで働くことになったのだが、仕事として客たちにできるだけシャンパンを飲ませなければならない――このシャンパンこそ、彼女の父を財産家にした商品だ。フランスに渡るときにベティの前にあらわれた謎の男は、パリのレストランでもずっとベティの側にいて、なにかと介入してくる。やがて、父は娘に厳しくしすぎたと反省し、愛する男との結婚を認める。謎の男は、娘の行状を監視するために父が雇ったのだった。

◉解説
ヒッチコックは当初、フランスの片田舎のシャンパン工場で働く貧しい少女が、シャンパンの流通経路をたどるようにパリに出て、高級クラブのホステスになり裕福になるという、好景気に沸く1920年代〈ロウリング・トゥエンティーズ〉にぴったりなサクセス・ストーリーを企画していた。女性が田舎から都会に出て行くストーリーは、D・W・グリフィス監督の『東への道』（1920年）を意識したともいう。が、結局、当初のストーリーを逆にして、大金持ちが極貧を体験

ヒッチコック9

『シャンパーニュ』

Champagne

して、わがままな若い娘が世間を知るようになるアメリカ調の「道徳教育」的な物語となった。

億万長者が自家用飛行機を使うシーンなど、文字通りの〈シャンパン的ライフスタイル〉は、当時の世相を反映している。ヒロインのベティ・バルフォアは、サイレント映画時代のスター・コメディエンヌで、代表作としてロンドン下町の花売り娘という当たり役を演じた'Squibs'シリーズがあり、ゲツァ・フォン・ボルヴァリ監督のイギリス最後の作品となった『The Vagabond Queen』（1929年）での偽女王役など、金持ちから貧乏人まで自在に演じ分けることに長けていた。大金持ちのモダン・ガールが、さまざまな経験を経て素朴で古風な女の真心に目覚めるという役柄にはうってつけの女優だ。ボーイフレンド役を演じたジャン・ブラダンは、フランスの二枚目スターである。

ヒッチコック本人は本作を駄作として切り捨てているが、冒頭のシャンパン・グラスのショットをはじめ、工夫に満ちた映像がちりばめられている。他にも、立ち聞きする人物の表情で会話の内容を分からせる演出、宝石などの象徴的な小道具の使い方など、ヒッチコックらしさが十分に発揮されているといえる。ヒッチコック本人は、船が揺れていないときはふらつきながら歩く酔っ払いが、大揺れの船上ではまっすぐに歩くというギャグがお気に入りだったようだ。

注目すべきは、父が娘を監視するために遣わした謎の男とベティのシーンだ。ベティは、この男の素性を怪しみ、ひょっとすれば性的に攻撃されるのではないかと不安な妄想を抱く。1920年代に、この過激なシーンが検閲に通ったことは驚きだ（おそらくそれが後から「妄想」だったことがわかるということで、許可されたと推測される）。ヒッチコックはこれ以降も、男性による性的攻撃のモチーフを、スクリーンで見せて観客に受け入れられるぎりぎりの境界において描き続けることになる。

●修復について

『シャンパーニュ』については、オリジナルのネガが残存していたので、修復は他の作品に比べて容易かと思われた。しかし、ヒッチコック映画にしては珍しく、洗練されていない単純な並行モンタージュや、フレームサイズの間違い、さらにいくつかのショットでは水準以下の演技が散見された。詳細に調べてみると、フィルムのリーダー（最初）の部分に、「二番目のネガ」と小さな文字で刻まれていたことがわかり、保存されていたネガは「二番目に良いショット」を集めたものであり、作品が大ヒットした際にプリントを大量生産するために作られた予備のネガであることが判明した。そんなわけで、ネガは残存していたものの、初公開時の本作がどのようなものであったかは不明である。

ヒッチコック9
『シャンパーニュ』
Champagne

予備のネガということで、セクションのつなぎ目はテープで簡易的につながれており、つなぎの順番のミスもあった。また、ヒッチコック得意のディゾルヴがまだなされていない状態だったので、デジタル上でヒッチコック風のディゾルヴを再現した。字幕は、オリジナルのフォントとイラストを使って、完全に再作成された。

【修復スタッフ・クレジット】
(BFI National Archive) 監修：ブライオニー・ディクソン、キーロン・ウェッブ／映像修復：ベン・トンプソン、ピーター・マーシャル、クレア・ウェスト、デイヴ・ガーニー
協力：STUDIOCANAL

【音楽】
ワールド・プレミア上映では電子音楽からオペラまで幅広く活躍するミラ・カリックスが生演奏した。今回のジャパン・プレミアでは、作曲家でピアニスト／チェリストの古後公隆が生演奏する。古後は、ミュージカル舞台からCM音楽まで幅広く手がけ、近年はDVDセット「チャップリン・ザ・ルーツ」、チャップリン声優口演、ヒストリカ映画祭などで、サイレント映画の伴奏もつとめている。

［各作品解説］

『農夫の妻』*The Farmer's Wife*

イギリス　１９２８年／デジタル修復版プレミア　２０１２年９月23日
ＢＦＩ　サウスバンク／１０７分

ヒッチコック9
『農夫の妻』
The Farmer's Wife

【スタッフ】
監督：アルフレッド・ヒッチコック
ブリテッシュ・インターナショナル・ピクチャーズ作品／配給：ウォーダー・フィルムズ／プロデューサー：ジョン・マックスウェル／制作：エルストリー・スタジオ／原作：イーデン・フィルポッツ／脚本：エリオット・スタナード／助監督：フランク・ミルズ／撮影：ジャック・コックス／美術：ウィルフレッド・アーノルド

【出演】
ジェイムソン・トーマス（農夫サミュエル・スウィートランド）／リリアン・ホール＝デイヴィス（アラミンタ・デンチ、サミュエルの家政婦）／ゴードン・ハーカー（チャードルズ・アッシュ）／ギブ・マックローギン（ヘンリー・コーカー）／モード・ジル（サーザ・タッパー）／ルイーズ・パウンズ（未亡人ルイーザ・ウィンディート）／オルガ・スレイド（メアリー・ハーン、女性郵便局長）／ルース・メイトランド（マーシー・バセット）／アントニア・ブロウ（スーザン、サーザのメイド）／ヘイワード・ワッツ（ディック・コーカー）／ダイアナ・ネピア（シブリー・スウィートランド）

●あらすじ
イギリス南西部に住む農場主サミュエル・スウィートランドは、妻を亡くし、一人娘を嫁に出し、寂しい思いをしていた。亡き妻は、夫のサミュエルにすぐに再婚するよう言い残していたので、彼と家政婦のアラミンタは結婚相手候補のリストを作ることにした。ところがサミュエルがある未亡人に求婚すると「一人で生きていける」と振られてしまい、次に気の弱い女性には求婚するなり卒倒され、女性郵便局長には年齢が離れすぎていると、それぞれ断られてしまい、思い通りにはいかない。出会いを求めて集まりに出かけても、一人浮いている。しかし、そんな不器用なサミュエルに、アラミンタは密かに想いを寄せていた。やがて、サミュエルも自分の気持ちに気づき、二人は結ばれるのだった。

●解説
イギリスの劇作家イーデン・フィルポッツの大ヒット戯曲の映画化。ロマンティック・コメディというジャンルは、「サスペンスとスリラーの巨匠ヒッチコック」イメージとは、結びつかないように思えるが、同じ年の『シャンパーニュ』をはじめ、トーキー時代になってからもスクリューボール・コメディ風の『スミス夫妻』や『ハリーの災難』などがある。そもそも、ヒッチコック本人は四六時中冗談ばかり言っている人物だった。

フィルポッツの戯曲『農夫の妻』は、当時イギリス

ヒッチコック9
『農夫の妻』
The Farmer's Wife

で国民的な人気を誇った芝居だったので、映画化にあたって、ヒッチコックは原作のイメージをできるだけ踏襲している。原作通りに、イギリス南西部のマインヘッド郊外をロケ地に選び、舞台版でサーザ・タッパー役を演じた才能あふれるコメディエンヌであるモード・ジルを、映画でも同じ役にキャスティングした。ただし、農家のセットはキャメラの動きをスムーズにできるようなセットを、ロンドンのイズリントンの撮影所に建設した。本作では、撮影監督のジャック・コックスに加えて、一部ではヒッチコックみずからキャメラを操作している。すなわち、設定とロケ地は原作に忠実に、その上で額縁舞台をそのまま写したものにならないように、あくまで登場人物の視点で撮影したというわけだ。ヒッチコックは、キッチンのなかに吐いた唾に至るまで、リアリティを追求したという。

　本作は典型的な田園喜劇だが、プライドの高い男が次々と女性にコケにされる様が当時の明るい世相にマッチした。主人公と男性召使との珍妙やりとりは、のちのトーキー時代に流行したローレル・アンド・ハーディーに代表される凸凹コンビの笑いを先取りしているようでもある。求婚を断る風変わりな女性たちは、ステレオタイプ的なキャラクターだが、前述のキャメラ・ワークの工夫によって生きた人物造形に成功している。

　イギリスの同時代の観客と批評家は本作に熱狂した。イギリスの原風景ともいえる南西部の風景を捉えたことで、ある種の観光映画としても愛された。「これは、たしかに典型的なイギリス映画であるが、それでも世界中にアピールできる点をいくつか持っている。ぜったいに見るべきだ」（サンデイ・グラフィック紙。１９２９年3月11日付）。

　ヒロインのリリアン・ホール＝デイヴィスは、『リング』に続いて実直な娘を好演。前述した通り、ヒッチコックの「ブロンド娘」とは真逆の、純朴なキャラクターと風貌でイギリス映画のみならず、フランス、ドイツの作品などヨーロッパ中の作品に出演し、サイレント時代を代表する女優の一人だった。しかし、その後トーキーの時代が来ると、失敗作が続き、演技や声もトーキーに合わなかったことでうまく対応できず、心身のバランスを崩して、１９３３年にガス自殺でこの世を去った。

◉修復について

『農夫の妻』も、ヒッチコックのサイレント作品のなかでネガが現存していないものの一つである。１９６０年代に複製されたプリントを素材として、修復が行なわれた。修復チームにとっての課題は、オリジナルの色調を確定することだった。フィルムの傷の修復はもちろん、今回使用した素材はディゾルヴがまだなされる前の状態だったので、厳密な研究のもとにヒッチコックの特徴の一つである継ぎ目のないディゾルヴを、デジタル上でグレーディングを工夫して美しく復元する作業にかなりの時間が割かれた。他の作品と同じく、字幕は当時の手書きのフォントを使って、オリジナルと同じ大きさと配置にして再作成された。

［修復スタッフ・クレジット］
修　復：BFI National Archive　修　復　協　力：STUDIOCANAL
監修：ブライオニー・ディクソン、キーロン・ウェッブ

［音楽］
ワールド・プレミア上映ではサイレント映画音楽の第一人者であるニール・ブランドが演奏した。今回のジャパン・プレミアでは、作曲家でピアニスト／チェリストの古後公隆が生演奏する。古後は、ミュージカル舞台からCM音楽まで幅広く手がけ、近年はDVDセット「チャップリン・ザ・ルーツ」、チャップリン声優口演、ヒストリカ映画祭などで、サイレント映画の伴奏もつとめている。

［各作品解説］

『マンクスマン』*The Manxman*

イギリス　１９２９年公開／デジタル修復版プレミア　２０１２年10月19日

ＢＦＩ　ロンドン映画祭／１００分

ヒッチコック9
『マンクスマン』
The Manxman

【スタッフ】
監督：アルフレッド・ヒッチコック
ブリテッシュ・インターナショナル・ピクチャーズ作品／配給：ウォーダー・フィルムズ／プロデューサー：ジョン・マックスウェル／制作：エルストリー・スタジオ／原作：ホール・ケイン／脚本：エリオット・スタナード／脚色：アルフレッド・ヒッチコック／助監督：フランク・ミルズ／撮影：ジャック・コックス／撮影助手：アルフレッド・ルーム／編集：エミール・ド・ルール／美術：ウィルフレッド・アーノルド

【出演】
カール・ブリッスン（ピート・クウィリアム）／マルコム・キーン（フィリップ・クリスチャン）／アニー・オンドラ（ケイト・クリギーン）／ランドル・エアトン（シーザー・クリギーン）／クレア・グリート（クリギーン夫人）／ハリー・テリー（結婚式の客）／キム・ピーコック（ロス・クリスチャン）／ウィルフレッド・シャイン（医者）／ネリー・リチャーズ（看守）

◉あらすじ
グレート・ブリテン島とアイルランドのあいだにあるマン島。漁夫のピートと法律家フィリップは、幼馴染だ。ピートはパブの娘ケイトと恋仲だが、ケイトの父はピートが貧乏なので二人の結婚を許さない。そこでピートはケイトに必ず戻って来ると約束してアフリカに出稼ぎに行く。その間、ケイトはフィリップと頻繁に会うようになり、二人はお互いの気持ちを抑えられなくなる。やがてアフリカでピートが死んだという知らせが島に伝わった。ケイトとフィリップは結ばれたが、直後に死んだはずのピートが帰って来る。嫌々ながらも、約束通りケイトはピートと結婚し、子供を産むが、それはフィリップとのあいだの子だった。ケイトはフィリップに、一緒に島を出ようと言うが、法律家として出世し、次にマン島の判事になることが決まっているフィリップは今では自分の地位の方が大事で、ケイトの提案を拒否する。悲嘆にくれたケイトは投身自殺を試みる。一命は取り留めたが、マン島では自殺は重罪だったので、法廷で裁判にかけられることになった。法廷で判事フィリップはすべての告白し、その場で判事を辞任する。二人は子供を連れて島を出て行くのだった。

◉解説
サー・ホール・ケインが１８９４年に出版し、当時としては異例の50万部の売り上げを記録したベストセラー小説の、ジョージ・ローアン・タッカー監督の１９１７年版に続く二度目の映画化だ（タッカー版は、アメリカでヒットを記録した数少ない英国サイレント映画の一本だ）。

ヒッチコック9
『マンクスマン』
The Manxman

舞台となったアイルランド海に浮かぶマン島（ロケはコーンウォールで行なわれた）は、正式には大英帝国には属していない王室の直轄領土で、独自の通貨や言葉、そして古いしきたりを持つ孤島である。ヒッチコックは本作でも、「世間から排除された個人」「過去を持つ女」という得意のモチーフを展開している。冒頭でマン島の紋章を映してその特異な文化を強調し、父親を厳格なピューリタンとすることで、ケイトとフィリップの行ないが、一般道徳的にはもちろん、とりわけ孤島の「世間」では許されないものであるという設定を印象付ける。脚本のエリオット・スタナードは、長大な原作小説のなかの、幼少時代の二人の友情のバック・グラウンドとなる出来事やなぜフィリップが最初はケイトを諦めて友人に譲ったのかといった部分はすべてカットし、マン島の「世間」を描くことに集中した。

エリック・ロメールとクロード・シャブロルは本作の構成について、偶然や悪人の奇行、あるいは運命の気まぐれといった要素に頼らずに、三人の主要な登場人物のおのおのが信じることのぶつかりあいだけでドラマを構成している巧みさを指摘し、熱烈な賛辞を送った。

ヒロインを務めたアニー・オンドラは、ケイトの持つ二面性――見捨てられたか弱い女のはかなさと不倫に走る悪女の不道徳な奔放さ――を、孤島の厳しい自然という映画的フレームの中で、誠実に、かつ官能的に演じきった。オンドラの才能に惚れ込んだヒッチコックは、次作の『恐喝』でも彼女を起用する。

批評家には好評で迎えられ、バイオグラフ誌には、「めざましい力を持ち、観客の興味をつかむ」と絶賛されたが、その「観客の興味」は当時出現して流行していたトーキー映画に移りつつあったこともあり、ヒットはしなかった。ちなみに、トリュフォーは、ケイトが「赤ちゃんができた」と言うシーンが字幕でなく口の動きだけで表現されている箇所を例に、本作はトーキー映画を予告していると指摘している。

◉修復について

本作については、英国映画協会にオリジナルのネガが保存されており、それを第一の素材として修復がなされた。ところどころ、痛みが激しい部分については、1960年代に作られたプリントと比較検討のうえ入れ替えが行なわれた。ケイトとフィリップが空き地で会うシーンは、個人コレクターのもっていた素材にのみ存在したので、スキャンのうえオリジナルのネガと色調を合わせることとなった。多くの傷を修復し、字幕は当時のフォントを使って再作成された。

本作は、3年以上にわたって行なわれた英国映画協会によるヒッチコックのサイレント映画修復プロジェクトの掉尾をかざる一本となった。

［修復スタッフ・クレジット］
（BFI National Archive）監修：ブライオニー・ディクソン、キーロン・ウェッブ／映像修復：ベン・トンプソン、ピーター・マーシャル、クレア・ウェスト、デイヴ・ガーニー
協力：STUDIOCANAL

［音楽］
ワールド・プレミア上映ではサイレント映画伴奏ピアニストとして世界的に著名なスティーヴン・ホーンの演奏。今回のジャパン・プレミアでは、作曲家でピアニスト／チェリストの古後公隆が生演奏する。古後は、ミュージカル舞台からCM音楽まで幅広く手がけ、近年はDVDセット「チャップリン・ザ・ルーツ」、チャップリン声優口演、ヒストリカ映画祭などで、サイレント映画の伴奏もつとめている。

［各作品解説］

『恐喝（ゆすり）』*Blackmail*

イギリス　1929年公開／デジタル修復版プレミア　2012年7月6日
ロンドン大英博物館／75分

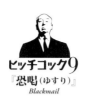

ヒッチコック9
『恐喝（ゆすり）』
Blackmail

［スタッフ］
監督：アルフレッド・ヒッチコック
製作：ブリティッシュ・インターナショナル・ピクチャーズ／プロデューサー：ジョン・マックスウェル／制作：エルストリー・スタジオ／助監督：フランク・ミルズ／原作：チャールズ・ベネット／翻案：アルフレッド・ヒッチコック／脚本：ガーネット・ウェストン、チャールズ・ベネット／台詞：ベン・W・レヴィ／撮影：ジャック・コックス／サイレント版のモンタージュ・ショット：フレディ・ヤング／撮影助手：デリック・ウィリアムズ、アルフレッド・ローム／クラッパー・ボーイ：ロナルド・ニーム／スチール：マイケル・パウエル／編集：エミール・ド・ルエル／セット・デザイン：ウィルフレッド・アーノルド、ノーマン・アーノルド

［出演］
アンディ・オンドラ（アリス・ホワイト）／サラ・オールグッド（ホワイト夫人）／チャールズ・ペイトン（ホワイト氏）／ジョン・ロングドン（フランク・ウエッバー）／ドナルド・キャルスロップ（トレイシー）／シリル・リッチャード（画家クルー）／ハンナ・ジョーンズ（大家）／サム・ライヴシー（警部）／パーシー・パーソンズ（逮捕された男）／ジョニー・バット（ドアマン）／フィリス・モンクマン（噂話をする近所の人）／アルフレッド・ヒッチコック（地下鉄の乗客）＊トーキー版でヒロインの声を吹き替えたのは、ジョーン・バリー。彼女はのちにヒッチコックの『リッチ・アンド・ストレンジ』でヒロインを演じた。

◉あらすじ
雑貨商の娘アリスは恋人の刑事フランクとティーハウスで会うが、口喧嘩をしてしまい、別の男クルーに誘われてついていった。クルーは画家で、彼のアトリエに行くと、アリスは襲われそうになり、逆にクルーを殺してしまう。事件を担当したフランクは遺留品から犯人がアリスと知った。やがて、事件の真相を知っているトレイシーがアリスたちをゆすりに来るが、フランクはトレイシーに犯罪をなすりつけようとする。駆けつけた警官たちを見て、トレイシーは逃走し、最後に大英博物館に逃げ込むが、ドームの上に追い詰められて墜落死する。

◉解説
『恐喝（ゆすり）』は、本国イギリスでは、英国映画史上の傑作――少なくとも1920年代のイギリス映画で最高の作品とみなされている。1927年にトーキー第一作『ジャズ・シンガー』が公開されヒットを記録し、映画界はトーキーへと移り変わっていった。本作の製作はサイレントからトーキーへの端境期

ヒッチコック9
『恐喝（ゆすり）』
Blackmail

にあたり、プロデューサーのジョン・マックスウェルは製作が始まってから、ヒッチコックにサイレント版とトーキー版の二つのヴァージョンを作ること依頼した。

ヒッチコックはその提案を馬鹿げたものだと感じたが、新しいメディアにおいて確固たるキャリアを築くことに長けていた彼は、美しい職人技を発揮したサイレント版と革新的なトーキー版の両方を作り上げることに成功した。

本作は、「イギリス映画史上初のトーキー映画」とされているが、厳密に言うと、本作以前にディスク式の部分トーキー映画やイギリス資本ながらアメリカで撮影されたオール・トーキー映画（"Black Waters"）が存在するので、「純イギリス製の初のオール・トーキー映画」ともいうべき作品だ。また、しばしば「トーキー版が大ヒットしたためサイレント版は忘れられた」と言われるが、それは事実ではなく、実際はまだトーキー対応している映画館は少なかったため、トーキー版の一週間後に公開されたサイレント版の方がヒットを記録した。トーキー版が「英国初のトーキー映画」の称号を持ったことで、その後の歴史はサイレント版を忘却の彼方に追いやった。

しかしながら、サイレント映画技術の円熟期に撮影されたサイレント版は、多くの点においてトーキー版よりも優れている。「サイレント映画は、シネマのもっとも純粋なかたちだ」とヒッチコックは述べたが、サイレント版の方がより多いショットとキャメラの動き、さらに流れるようなカッティングで物語を紡ぐ。無声版では「すべてのショットが意味を持ち、雰囲気を盛り上げ、ストーリーを動かす」と映画史家でBFIのヒッチコック修復プロジェクトのブライオニー・ディクソンはショットの無駄のなさを指摘しているが、とりわけ冒頭8分間はサイレント映画編集の極点ともいうべき離れ業であり、法の手が容疑者を追いつめ捕まえるところまでが、ティーハウスやロンドン地下鉄など次々と場所を変えながら（そして、そのことで原作である舞台劇を踏襲することを完全に拒んであくまで映像の演出を追求して）、見事に描かれる。

『恐喝（ゆすり）』には、後年のヒッチコックに繰り返し登場するスタイルの要素、とりわけ、男性の性的攻撃性と女性のもろさのテーマが顕著にあらわれている。のちの『サボタージュ』と同じく、アリスは法の手に守られているヒロイン（恋人が警察官）だ。呆然とコントロールを失った状態で決定的なアクションを起こしてしまうというヒロインのキャラクターは、『殺人！』など多くの作品で繰り返されることになる。また、『サイコ』でヒッチコックのサスペンスの象徴ともなる小道具であるナイフが殺人の道具として初登場した。

のちに『天国への階段』（1946年）や『赤い靴』

ヒッチコック9

『恐喝（ゆすり）』

Blackmail

（1948年）などで著名な映画監督となるマイケル・パウエルが本作でスチール・キャメラマンを担当しており、彼は自伝のなかで、原作の舞台劇の結末（結局、容疑者は殺人をしていなかったことが明かされる）を変えて、有名な大英博物館での追跡シーンを提案したのは自分だと主張している。パウエルの主張が真実かどうかはさておき、大英博物館のリーディング・ルームのドームでのラストシーンでもって、本作は、後年のヒッチコックのトレードマークともいうべき、モニュメンタルな舞台装置でのフィナーレが最初に登場した作品となった。

◉修復について

　BFIのナショナル・アーカイヴに保存されていたオリジナルのネガは劣化が進み、長年にわたって巻かれたままで保管されていた影響で、フィルムの片面が縮む現象が起きていた。ショット間のつなぎ部分が狭かったこともあり、スキャンは慎重に行なわれた。結果、美しいシャープネスと色調が得られた。

　本作は、BFIのスキャナーが用いられた最初の修復作品で、スキャンの際に特殊な液体を用いて表面の傷を消すウェット・ゲイト方式が多用された。4Kスキャンで取り込んだのち、残る傷をデジタル修復にて除去。字幕は保存されていたものを使用。ショット間のディゾルヴの部分は隣接する二つのショットから再構築された。

　最終的に、撮影当時の美しさを蘇らせることに成功した。

[修復スタッフ・クレジット]

（BFI National Archive）監修：ブライオニー・ディクソン、キーロン・ウェッブ／スキャン：ベン・トンプソン／映像修復：ベン・トンプソン、ピーター・マーシャル／フィルム比較検査：アンジェロ・ルカテッロ
（Deluxe 142）製作：ポール・コラード、マーク・ボニチ／カラリスト：スティーヴン・ビアマン／デジタル映像修復：Deluxe 142 修復チーム／映像記録：ポール・ドゥーガン

[音楽]

ワールド・プレミア上映ではサイレント映画音楽の第一人者であるニール・ブランド作曲の音楽を、チャップリン作品の音楽演奏でも著名なティモシー・ブロックの指揮で演奏。今回のジャパン・プレミアでは、作曲家でピアニスト／チェリストの古後公隆が生演奏する。古後は、ミュージカル舞台からCM音楽まで幅広く手がけ、近年はDVDセット「チャップリン・ザ・ルーツ」、チャップリン声優口演、ヒストリカ映画祭などで、サイレント映画の伴奏もつとめている。

スペシャル・インタビュー

「ヒッチコックとサイレント映画」

デイヴィッド・ロビンソン×ニール・ブランド

聞き手・翻訳：大野裕之

ヒッチコック9のジャパン・プレミアにあわせて、長年ポルデノーネ国際映画祭のディレクターをつとめサイレント映画を中心とする映画史の世界的権威デイヴィッド・ロビンソンと、サイレント映画の演奏家の第一人者として世界の映画祭で活躍する音楽家ニール・ブランドにお話をお伺いした。

――デイヴィッドは、ヒッチコックとお会いしたことがあるのですよね？

デイヴィッド・ロビンソン（以下D）：残念なことに、私はヒッチコックに一度しか会っていません。彼のキャリアの最晩年のこと、最後の作品となった『ファミリー・プロット』のロンドン・プレミアのときに会いました。ヒッチコックと、彼の妻であり生涯の創作のパートナーだったアルマ・レヴィルと三人でランチを食べました。アルマは、その直前に患った脳梗塞のために、かなり障害が残っている状態でした。対して、ヒッチコックの方は、依然として、話を誇張しながら自分を大きく見せる、まぎれもないヒッチコックでした。彼は、その年齢になっても、まじめくさった顔で冗談を言う達人でした。「私はパリから来たばかりなんだがね」と彼は、芝居染みた厳粛な表情で、「パリの連中は私を警察博物館に連れて行ったんだよ。それがまた、そこには恐ろしい展示があってね。ああ、ここではとても言えない。恐ろしいんだよ…」と言いながら、彼は明らかに楽しんだ様子でした。

　悲しいことに、それから40年経って、どんなことを話してくれたか、あまり覚えていません。その会話と、それから（映画と同じように）彼のストーリー・テラーぶりが、私を魅了したことだけは覚えています。メモを取っておけばよかったです。

――ヒッチコックのサイレント映画のどんなところがお好きですか？

ニール・ブランド（以下N）：ヒッチコックは字幕デザイナーからそのキャリアを始めたので、いつも絵でストーリーの情報を伝えます。『快楽の園』の単眼鏡から『恐喝』の輪縄の影にいたるまで、彼の想像力は視覚的であり、言葉ではありません。

　サイレント時代においてすでに、ヒッチコックの後期の作品の優れた点があらわれています。『マーニー』

スペシャル・インタビュー

「ヒッチコックとサイレント映画」

デイヴィッド・ロビンソン×ニール・ブランド

に出てくるモチーフ——間違えられた男、歴史的建造物が物語を語る重要な場所になるという点、動きにおける表情と身体への彼の愛着、まるで製図するようにシーンをプランしているところ——それらはすべてサイレント時代にすでにあるのです。

D：ヒッチコックは、イギリス初期映画でもっとも才能のあった監督だったグレアム・カッツ監督について字幕デザインの仕事からキャリアを進めて、すでに素晴らしい修業時代を送っていました。なので、彼が監督としてクレジットされたサイレント映画の作品はすべて、予想されていたことですが、すでにとてもウェル・メイドで、とても面白くて感服させられるものです。何より彼はストーリー・テリングの名人でした。そしてそのことは、彼のサイレント作品のほとんどすべてのおいて明らかです。

しかしその中で、私にとって際立って素晴らしく思える二つの作品である『下宿人』と『恐喝』(有名なトーキー版よりも、サイレント版の方が出来は良く、より洗練されていると思います）には、真にヒッチコック的な主題である犯罪、サスペンス、エロティシズムがすでにあります。この二つの作品は、ヒッチコックのキャリアのなかでも重要な位置をしめています。彼自身のスタイルとテクニックを磨いた作品だからです。

他のサイレント作品群は、全般としてそれ自身巧みな物語ですが、主題は彼自身のものではなく、成功した舞台劇からの翻案です。舞台劇はもっとも理想的な脚本です。むろん、明らかにヒッチコックは、舞台劇の翻案作業で、物語の「ドアを開ける（開花させる）」ことに大きな役割を果たしました。

——ヒッチコックのサイレント作品が、他の監督と異なっている点はなんでしょうか。

D：彼が他の監督たちとは違った主題を選んだかといえば、そうではありません。彼は同時代の監督に比べて真の職人であったこと、そして視覚的にストーリーを語ることのできる才能に恵まれていたことが、他の監督とは異なっていると思います。

——音楽家の視点から見て、他の映画作家と違う点はなんでしょうか？

N：ヒッチコックは他の監督よりも素早くストーリーを語ります。視覚的な省略を行なうのです。そのことで、「ムード」のためのスペースを空けてくれます。それは、音楽家にとっては素晴らしいことで、いつも彼が音楽家にどんな演奏をして欲しいのか、とてもはっきりと示してくれるのです。

それと、「緊張」というものについての彼の鋭い感覚が私は好きです。耐えられないほどの長い時間まで緊張を引き延ばす時、そしてそれを一気に解放する時——その瞬間こそ、音楽家にとっては、演奏する楽しみです。

——ニールは、『恐喝』のデジタル修復版のワールド・

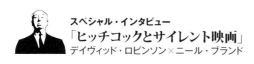

プレミアのために、サントラを作曲しましたね。どの点が作曲のポイントでしたか？

N：『恐喝』の場合、殺人シーンで、映画が二つに切断されます。前半は、悪くなっていくロマンスの話、殺人の後は、全員が罪人となる犯罪ミステリーです。なので、殺人のシーンがやはり作曲のポイントとなりました。

――ところで、ハリウッドの王様といえば、チャップリンとヒッチコックの二人になりますが、二人ともイギリス人ですね。ハリウッドを征服したのが、二人のイギリス人だったのは、なぜだとお考えですか？

D：私たちとしては、映画史上、もっとも偉大でもっとも長く愛されている二人の天才がイギリス人なので嬉しいのですが（註：デイヴィッドもニールもイギリス人である）、そのことは国の精神性とは何の関係もありませんし、明らかに英国映画界とはまったく関係ありません。チャップリンもヒッチコックもその天才を最大に開花させたのはハリウッドでのことです。

　しかし、二人の才能の大きな部分は、彼らが偉大なストーリー・テラーであるということであり、イギリスにはストーリー・テリングの偉大な伝統があります。チャップリンもヒッチコックも、ディケンズから多くを引き継いでいます。

――チャップリンはディケンズの愛読者でしたね。

D：その通りです。ヒッチコックがディケンズに対して特別な感情を持っていたかわかりませんが、彼の少年時代はディケンズがまだ英国でもっとも愛されて読まれていた時代で、何人かのヒッチコック伝記作家は彼のストーリー・テリングとディケンズとを比較しています。

　そして、チャップリンもヒッチコックも、生涯を通じて「英国人であること」を強い意志をもって持ち続けていました。

N：チャップリンとヒッチコックがハリウッドの王様となった理由は、彼らがイギリス人だからというものではなく、二人とも鋭敏な観察眼を持ったアウトサイダーだったからです。チャップリンは究極のアウトサイダーでした。社会のピラミッドの底辺にいる浮浪者であり、身のまわりに起こっていることを注意深く見ていました。ヒッチコックは、少年時代から太っていて、女性のことが好きだったのに誰とも付き合えませんでした（妻のアルマと結婚するまで！）。二人とも、人間性を深く学んだ素晴らしい生徒であり、そのことで彼らの作品には嘘がないのです。

――アメリカとイギリスの、サイレント映画の違いは何ですか？

D：お金です！　１９２０年代においてさえ、ハリウッドのスタジオの資金力と才能の集積には、英国映画界は太刀打ちできませんでした。しかし、ヒッチコックの作品を見ているとそう感じさせません。とくに1930年代に入ってトーキーの時代が来ると、彼の作品はアメリカ映画と張り合うために必要な製作体制を持ちました。彼のイギリス時代のトーキー作品は、（彼自身がいつも作ったことを後悔していた『ウィンナー・ワルツ』と『巌窟の野獣』という失敗作を除いて）今見ても素晴らしいもので、ハリウッドから誘いをうけたのも必然のことでした。私は今でも、イギリスで1934年から38年までのあいだにヒッチコックが作った6本のスリラーは、彼の生涯のどんな作品よりも――『見知らぬ客』や『サイコ』よりも――面白いと思います。

――ナイーブな質問ですみませんが、あなたにとって、「サイレント映画」とは何でしょうか？

N：私にとっては、遊び場、書き込まれるべき真っ白な紙です。それは人の心のつながりだと思っています。

D：サイレント映画は30年しか続きませんでした。それは、サイレント映画がその最盛期に示したようなユニークな芸術形式を、確立・存続させるために十分な時間ではありませんでした。例えば、チャップリン、小津（安二郎）、（フリードリヒ・ヴィルヘルム・）ムルナウ、（アベル・）ガンス、（エリッヒ・）フォン・シュトロハイムなど多くの偉大な芸術家の作品を見れば分かりますが、サイレント映画が、人間の活動・思考・感情・ドラマ、そしてコメディといった幅広さを表現できる力はとてもスリリングです。トーキーの時代になって映画の黄金時代のもっとも偉大な監督たちのうち、何人がサイレント映画で修業を積んだかをリストにしてみると興味深いでしょう。彼らは、映像の力をサイレント映画で得たのです。サイレント映画は素晴らしい学校でした。そして、今でも、例えば私の大好きなクリント・イーストウッドのような現代の監督も、若い時にサイレント映画で修業を積んだヴェテラン監督のもとで俳優修業を積みました。

現代でも、映画史・サイレント映画の歴史を愛好している多くの監督たちがいることを、私は知っています。それは今も、映像の力を発見するための素晴らしい学校なのです。最良の映画は、それらが語るものだけでなく、見せてくれるものから力を得られるのです。

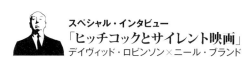

ヒッチコックのイギリス時代のサイレント映画を見る

〜あとがきにかえて

大野裕之

ヒッチコックのイギリス時代のサイレント全作品を完全デジタル修復で見る——まさに21世紀の最新のテクノロジーによって可能になったこの上映において、私たちは何を見るのだろうか？

そもそも、「ヒッチコックのイギリス時代の」と言ったところで、一般の映画ファンのなかでヒッチコック以外のイギリス製サイレント映画を好んで見る人はあまりいないように思われる。実のところ、当時のイギリス人ですらイギリス製サイレント映画をあまり見ていない。１９１４年にイギリス国内で公開された全映画作品のうちイギリス映画はわずか15パーセント。ヒッチコックが監督デビューする１９２６年には５パーセントにまで落ち込む。

映画の誕生は、１８９５年12月28日、パリのグラン・カフェでのリュミエール兄弟によるシネマトグラフの初上映にさかのぼる。隣の国イギリスでも、早くも翌年2月には初上映された。最初期の映画は〈モーション・ピクチュア〉の名の通り「動く絵」の見世物だった。到着する列車や、工場の門から出てくる人々——絵が動くのを見るだけで人は驚愕した。

実は、この時期のイギリス映画界は、ある意味で世界の先端にいたと言って良い。当時、大英帝国の大衆娯楽の王様だったミュージック・ホールでは、シェイクスピアなどの正劇の保護のために「一つの出し物は30分以内」などの規制があった。ゆえに、寸劇、マジック、歌などの出し物に混じって草創期の短編映画は見世物として重宝され、大量生産された。イギリス映画史で必ず触れることになる“The Big Swallow”（１９００年ごろ、ジェイムズ・ウィリアムソン監督）は、ある男が近づいてきて大きな口を開けてキャメラもキャメラマンも飲み込んでしまうという作品だ。同じ年のセシル・ヘップワース監督の“How It Feels to be Run Over”では、道でキャメラが自動車に轢かれてしまう。リュミエールは撮影者の存在を透明にして、リアルな風景を写したが、映画草創期のイギリス人たちはメタ・レヴェルの視点であるキャメラやキャメラマンの存在をあらわにした上でシニカルに笑う。据付のキャメラのワンショットでノンセンスさを競ういかにもイギリス的な作品群は一世を風靡した。

実は、その後のドラマ映画においてもイギリスは革

ヒッチコックのイギリス時代のサイレント映画を見る〜あとがきにかえて

大野裕之

新的な作品を産み出している。ドラマ映画（とりわけメロドラマ）の父といえば、アメリカのD・W・グリフィス監督の名前があがるが、彼の登場に先立つ3年前の１９０５年に、ヘップワースは"Rescued by Rover"を発表した。赤ん坊がロマ（いわゆるジプシー）にさらわれたが、飼い犬のローヴァー君が見つけ出して赤ん坊の父親に知らせて無事に取り戻すというストーリーだ。物語の発端と展開、解決といった、いわゆる起承転結のあるドラマ映画としては最初期のものである。グリフィスのデビュー作『ドリーの冒険』（１９０８年）のストーリー――ロマにさらわれた少女が家族のもとに戻ってくる――と比較してもわかるように、"Rescued by Rover"は、のちのドラマ映画に多大な影響を与えた。それは世界中で大ヒットし、注文をさばくためにプリントを大量生産してネガが痛んだため、ヘップワースはもう一度同じ演技を撮影し、新版を作ったほどだった。

ところが、イギリスのドラマ映画はその後発展しなかった。"Rescued by Rover"は確かにパイオニアだったが、実は娘をはじめ登場人物はすべてヘップワースの身内で、犬のローヴァー君も飼い犬という家族映画であり、それ以上の広がりはなかった。対して、グリフィスは、異なった場所の出来事（例えば助けにいく父親と助けを呼ぶ娘）を編集で交互に見せるパラレル・カッティングを効果的に用いて、ドラマを構築する映画文法を確立し、ハリウッド映画の礎を作った。他国でも１９１０年代に入ると、イタリアでは大スペクタクルの歴史劇が作られ、フランスでもシュル・レアリスムと映画が相互に影響を及ぼしあい活況を呈し、第一次大戦後のドイツでは不安な世情を映した表現主義の作品が革新的な映像を生んだ。その中で、イギリス映画は前衛的な映像運動も際立った作家も持てずに低迷する。

シェイクスピアの伝統を持つ演劇大国イギリスが、初期映画においてなぜすぐれた映画を生み出せなかったのか。それは、まさに「演劇大国である」というのが、その理由だった。当時からシェイクスピアやオスカー・ワイルドの戯曲の多くが映画化されたが、舞台をそのまま映像化しただけで、背景にはわざわざ舞台的な書き割りを描き、屋外でロケーション撮影ができるという映像の特性を殺し、同時にサイレント映画ゆえに当然ながら名セリフの数々は聞こえず、演劇の良さをも殺した。同時代のスウェーデン映画は、意識的に北欧の景色を背景に写しながら芝居をして、観光映画として世界中でもてはやされたが、イギリスは自国の財産を映画にはいかせなかったのだ（ただし、初期イギリス映画を代表するコメディアンであるピンプルが、例えば１９１３年の『ピンプルのナポレオン』で、アルプス越えをするナポレオンの背景の雄大な山並みの書き割りが崩れ落ちてパニックになったり、「いざ、ワー

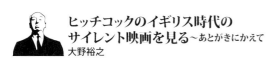

テルロー（Warterloo）の戦いへ」の字幕の後、ナポレオンがロンドンのウォータールー（Warterloo）駅にやってくるといった人を食ったギャグなどは、別の意味でこの時期のイギリス映画の財産だ）。

1920年代半ばを過ぎて、イギリス映画はようやく発展の兆しを見せはじめる。プロデューサーのマイケル・バルコン、監督のグレアム・カッツらが精力的に活動を始め、1925年には海外の映画を上映し議論する団体であるフィルム・ソサエティが結成され、その2年後にソサエティは雑誌「クロース・アップ」を創刊して映画を研究する機運を盛り上げた。1927年には政府も重い腰をあげて、自国の映画産業を保護する映画法を成立させたことも大きい。

ヒッチコックはイギリス映画がまさにどん底の時期、そして若い世代が演劇にとらわれずに新しい映画を生み出そうとしていたときに映画界入りした。彼らは、イギリスという国にもとらわれていなかった。「私は、アメリカのスタジオで最初の訓練を受けたんだよ」とヒッチコックははっきりと述べている。「アドルフ・ズーカーがイギリス市場を得るためにロンドンに建てたスタジオ、フェイマス・プレイヤーズ＝ラスキーで1920年に仕事を始めた。その後、私はベルリンに行った。当時はドイツ映画の黄金時代だ。エルンスト・ルビッチュがポーラ・ネグリを演出していて、フリッツ・ラングは『メトロポリス』を作っていて、ムルナウも偉大な作品群を撮影中だった」（1973年1月発行の"Action"誌8号のボブ・トーマスによるインタビューより）。ヒッチコックの多くの作品で編集を務めたアイヴァ・モンタギュは、ヨーロッパでエイゼンシュテインらと親交を結んでロンドンのフィルム・ソサエティに入会させ、アンソニー・アスクィスはハリウッドで半年修業を積んでイギリスに戻り、撮影所を舞台にした傑作"Shooting Stars"（1927年）を撮った。同時代のイギリス映画は、かくも豊かな国際交流のうえに復興しつつあった。イギリス時代のヒッチコックに私たちが見ることができるのは、アメリカ映画の話法、ドイツ表現主義の陰影、そしてイギリスのストーリー・テリング、それらの巧みなブレンドである。本書に収めたデイヴィッド・ロビンソンとニール・ブランドへのインタビューでも、チャップリンとヒッチコックという、のちにハリウッドの王様となる二人がイギリス人であったことについてどう思うかと聞いたが、やはり「イギリス人であること」は関係がないとデイヴィッドもニールも答えている。ヒッチコックのイギリス時代の作品を見ると、ある国を代表する文化は、その国の文化的要素だけでは成り立たないという当然のことを思い出させてくれる。

さて、筆者はチャップリンの専門家なので、最後に